PABLO

Un cambio de corazón

Por Anne de Graaf
Ilustrado por José Pérez Montero

Pablo

Un cambio de corazón

Escrito por Anne de Graaf

Ilustrado por José Pérez Montero

Diseño gráfico por Nils V. Glistrup

Drejervej 15, 3er piso, DK 2400 Copenhague NV, Dinamarca
E-Mail: info@sph.as Web: www.sph.as

Concebido, diseñado y producido por Scandinavia Publishing House

Impreso en China
ISBN 9788771326222

PABLO

Un cambio de corazón

Por Anne de Graaf

Ilustrado por José Pérez Montero

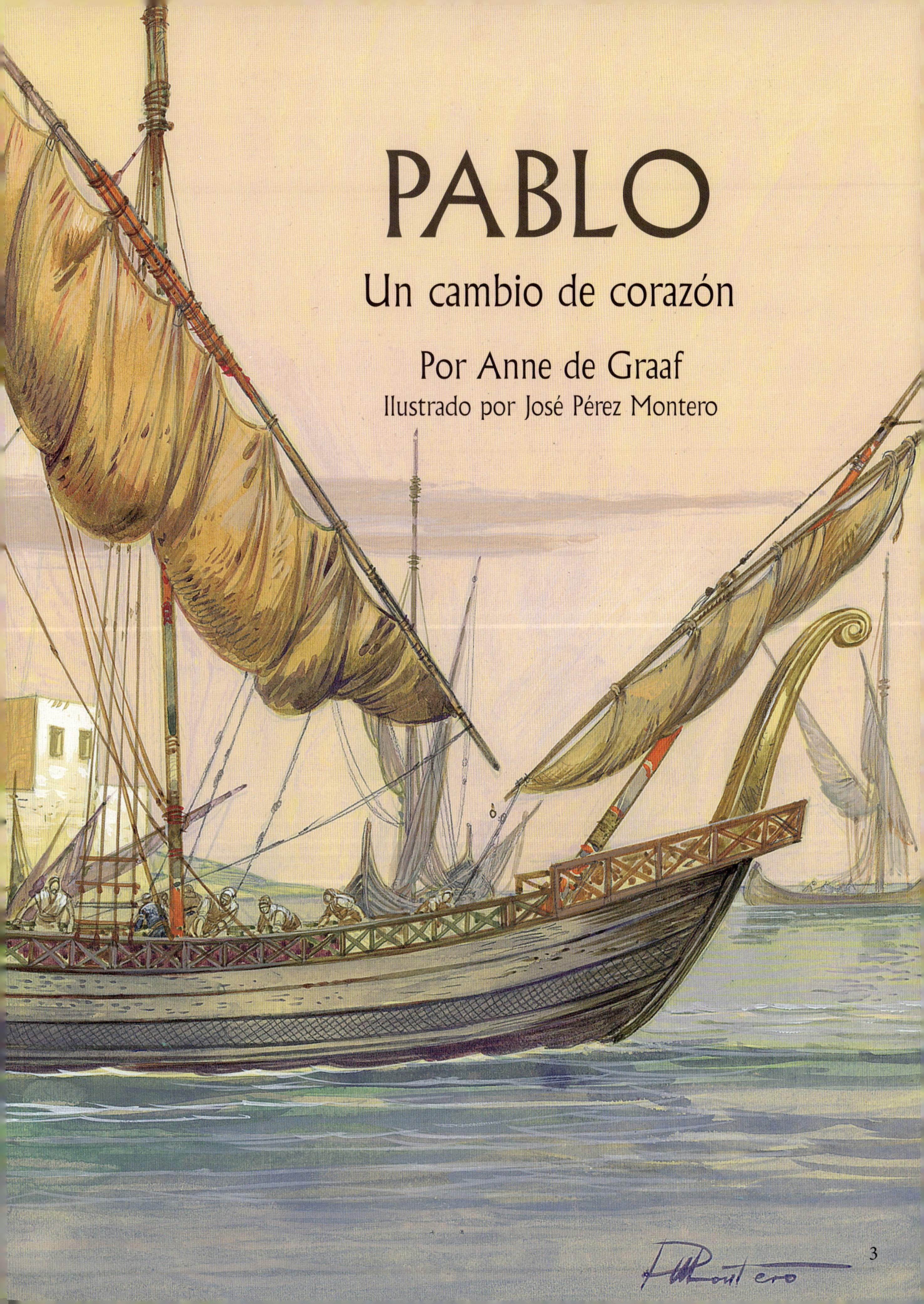

La furia de Saulo creció en él como un fuego. “¡Esteban ha ido demasiado lejos!” gritó con rabia.

Esteban estaba parado en el centro de un gran salón. A su alrededor, los líderes religiosos sacudían los puños. Esteban alzó las manos. Trataba de alcanzar algo que ninguno de ellos podía ver.

“¡Miren!” señaló Esteban. “Los cielos se están abriendo. ¡Ahí está Jesús, de pie junto a Dios!”

“¡Basta!” gritó Saulo.

“¡Apedréenlo!”

“¡No queremos oír nada más!” gritaron los líderes religiosos.

“¡No escuchen!” dijo Saulo a los demás. Taparon sus oídos y corrieron hacia Esteban. Los guardias asieron al prisionero y lo arrastraron fuera de la ciudad. Los siguió una turba de gente molesta que gritaba. Los líderes, incluyendo Saulo, dijeron a la gente lo que había sucedido.

“Dice que Jesús era el Hijo de Dios. ¡Habla como si Él fuera Su mejor amigo!”

“¡Se ha burlado de Dios!”

Mientras lanzaban a Esteban por la colina, empezaron a tirarle piedras. Saulo gritaba con los demás, “Mátenlo antes de que diga algo más contra Dios.”

Esteban se sostenía con una mano mientras elevaba la otra hacia el cielo. “¡Señor Jesús!” Dijo Esteban. “¡Llévame, por favor!”

“¡No escuchen! ¡Envenenará sus mentes!” rugió Saulo.

Las últimas palabras de Esteban fueron, “Señor, ¡no tomes esto contra ellos!” Y no dijo nada más. Se había ido al cielo. Ahí no volvería a sentir el agudo dolor de las piedras.

La multitud lanzó más rocas hasta que el maltratado cuerpo yacía medio enterrado. Entonces, lentamente, retrocedieron, respirando con fuerza. Algunos sacudían la cabeza, "Merecía algo peor."

Una madre se llevó a su hijo. "¡Quiero ver, quiero ver!" gritaba el niño.

"No hay nada que ver," murmuró la madre.

Saulo caminó de vuelta al Templo con los otros líderes religiosos. Cuando iba junto al sacerdote principal, le dijo, "Esto sólo ha sido el principio. A partir de ahora haremos la guerra a los seguidores de Jesús. ¿Quiénes creen que son? Violan la Ley una y otra vez."

Pronto Saulo había hecho que la mayoría de los Cristianos se fuera de Jerusalén. Entonces fue con el sacerdote principal. "Si usted da la orden, podría asegurarme de que estos seguidores de Jesús sean eliminados. Con una carta suya, puedo viajar a Damasco y capturarlos." Hizo una pausa para que sus palabras hicieran efecto.

"Los traeré de regreso a Jerusalén, y los meteremos a la cárcel. Podemos castigarlos igual que a Esteban. Nadie más tendrá que oír hablar más de Jesús. Su nombre será borrado, Su recuerdo, olvidado."

Tan importante era la misión de Saulo que el sacerdote no sólo le dio la carta que había pedido, sino también una guardia especial. Saulo salió a caballo rumbo a Damasco. En su corazón creía que estaba hacienda lo correcto.

¿Qué está bien y qué está mal? A veces nuestros corazones son las únicas voces que nos dan la respuesta. Y otras veces, es necesario cambiar el corazón antes de conocer la verdad. Esto es lo que le ocurrió a Saulo. Sólo entonces pudo comprender lo que en verdad era correcto y lo que estaba mal.

Saulo y su guardia galoparon a través del desierto. Para el mediodía tenían a la vista la gran ciudad, Damasco. Y, de pronto, una luz destelló alrededor de Saulo.

"¡Agh!" gritó y levantó las manos para cubrirse los ojos. Su caballo reparó y Saulo cayó al suelo. No vio nada. ¡La deslumbrante luz lo había cegado!

"¡Saulo! ¡Saulo!" dijo una Voz. "¿Por qué Me siguen lastimando tanto?"

Los guardias que cabalgaban con Saulo también vieron la luz. Con las bocas abiertas, oían el sonido, pero no lo entendían. Pero Saulo sabía lo que la Voz decía. "¿Quién eres?" gritó.

"Soy Jesús. Soy el que han estado persiguiendo y lastimando."

Saulo sintió que un cuchillo penetraba en su corazón. Había estado equivocado. Todo este tiempo había querido seguir las reglas. ¡Pero había terminando hiriendo al mismo Dios que servía! El cuchillo de la vergüenza se retorció mientras Saulo sentía cambiar su corazón.

"Qué," jadeó. "¿Qué puedo hacer?
¡Señor, dime qué debo hacer!"

"Levántate y entra en Damasco," dijo la Voz. "Ahí se te dirá cuál es Mi plan para tu vida." Saulo asintió. Y la luz desapareció.

Silencio. Saulo sólo oía el viento del desierto y el ruido de su caballo. Llamó a los guardias, "Damasco. Llévenme a Damasco. Es ahí donde debo ir. Por favor llévenme allá, ¿lo harán?"

Paso a paso los guardias llevaron al cegado Saulo a Damasco. Ahí, no comió ni bebió nada durante tres días. Entonces el Señor envió a uno de Sus seguidores para reconfortar a Saulo.

Y así él se unió a los mismos seguidores de Jesús que él había jurado matar. Dios cambió el corazón de Saulo. Ahora él sabía, sin lugar a duda, que Jesús era el Camino correcto, el único Camino hacia Dios.

Para los Cristianos, no fue fácil aceptar a Saulo como uno de ellos. No hacía mucho se dedicaba a capturarlos. Ahora quería venir a sus reuniones de oración.

Los seguidores de Jesús escucharon el sermón de Saulo, "¿Es Jesús el Cristo? ¡Si, realmente es el Hijo de Dios y está vivo hoy!"

¡A los líderes religiosos en Damasco esto no les gustó nada! Uno de los suyos se había vuelto en su contra. No importaba cuánto discutieran, Saulo siempre los vencía. Una y otra vez demostró que Jesús es el Hijo de Dios. El Espíritu Santo de Jesús daba a Saulo las palabras correctas.

Los Cristianos en Damasco no tenían elección. "Sólo escúchenlo. Dios ha convertido en amigo a un antiguo enemigo."

Pero los líderes religiosos dijeron, "¡Ha pasado de ser un amigo para convertirse en un enemigo! ¡Debemos matar a Saulo antes de que cause más problemas!"

La noticia del complot llegó a los Cristianos. "De prisa, Saulo, tenemos que sacarte de Damasco. Estos líderes religiosos hablan en serio."

"Lo sé," suspiró Saulo. "Yo solía ser uno de ellos."

Esa noche los nuevos amigos de Saulo lo llevaron por unas escaleras oscuras hasta lo más alto de los muros de la ciudad. "Están vigilando las puertas. Nadie espera que escapes por aquí."

Tres hombres sostuvieron una enorme cesta mientras Saulo se metía en ella. "¡Rezaremos por ti!"

Saulo y un amigo suyo llamado Bernabé viajaron de una aldea a otra. "¿Han oído?" preguntaban a la gente en todos lados. "Dios envió a Su único Hijo. Su nombre es Jesús. Si se lo piden, Él perdonará todas las cosas malas que han hecho. Pueden volver a empezar. ¡Crean en Jesús! Pídanle que venga a vivir en sus corazones. Háganlo hoy."

Fue durante este tiempo cuando Saulo cambió su nombre a Pablo. Así es como se decía su nombre en romano. Ahora, cada vez que los dos hombres entraban en una aldea, la gente decía "¡Pablo! ¡Bernabé! Por favor vengan y enséñennos lo que saben. Hemos oído un poco, pero queremos saber más."

Uno de los pueblos que visitaron Pablo y Bernabé se llamaba Listra. Ahí, Pablo y Bernabé enseñaron a la gente "Crean en Jesús. ¡Él pude ayudar a resolver sus problemas!"

Un día vino a ver a Pablo un hombre muy enfermo. Este hombre nunca había podido caminar. Mientras escuchaba a Pablo hablar de Jesús, pensó, "Sí, creo en Jesús. ¡Sí!"

Pablo lo miró y vio que confiaba en Jesús. Rezó para que Dios lo ayudara. Entonces dijo Pablo en voz alta, "Ponte de pie."

El hombre saltó. ¡Empezó a caminar! La multitud gritó, "¡Pablo es un dios!"

"¡También Bernabé lo es!"

"¡No, no!" gritaron Pablo y Bernabé. Esto era lo último que querían. Habían venido a dirigir a la gente hacia Jesús, no hacia ellos mismos.

Finalmente la multitud se calmó. Pero algunos días después sucedió algo terrible. La misma muchedumbre que había pensado que Pablo y Bernabé eran tan maravillosos, de pronto se volvieron en su contra.

Los líderes religiosos querían causarles problemas a Paul y Bernabé. En secreto habían dicho a la gente, "Pablo no sabe de lo que habla. No lo escuchen. Piensa que Jesús es el Hijo de Dios. Dice que Dios ama a todos por igual. Eso es una locura."

La gente no pensaba por sí misma. No dejaban que sus corazones decidieran qué era bueno y qué era malo. En lugar de eso, ellos preferían dejar que los líderes religiosos eligieran por ellos.

"¡Maten a Pablo!"

"¡Tírenle piedras hasta que muera!"

"¡Apedreen al alborotador!"

Tanta gente enfadada. Habían endurecido sus corazones contra el mensaje de Jesús que Pablo les llevaba. Gritaron y vociferaron, pero Pablo se mantuvo firme, defendiendo a Jesús.

Cuando las afiladas rocas se clavaron en su espalda, sus piernas, su rostro, cayó de rodillas. Ahí Pablo supo lo que Esteban había sentido. El dolor era profundo, hasta que finalmente, Pablo no sintió nada más.

El cuerpo de Pablo yacía inmóvil. La turba lo había arrastrado a las afueras de la ciudad. Pensaron que estaba muerto.

Un niño se paró sobre el cuerpo magullado y ensangrentado. Lo miró, con lágrimas corriendo por sus mejillas. "¿Pablo ha muerto?" susurró.

Bernabé y algunos otros llegaron a enterrar el cuerpo de Pablo. Estaba a punto de responder al niño, cuando Pablo se movió. "No, Timoteo, ¡no lo está!" Bernabé gritó. "¡Miren, es un milagro!" Ayudó a Pablo a levantarse.

Los otros no podían creer lo que veían. Era seguro que Pablo había muerto. Y sin embargo ahí estaba, de pie… y caminando. "¡Pablo, Oh, Pablo!" lloraron. El joven Timoteo lo abrazó junto con los demás.

Caminando de vuelta a la ciudad, Pablo puso su brazo sobre los hombros de Timoteo. Con frecuencia lo había visto escuchar cuando hablaba de Jesús. El muchacho no hablaba mucho, pero Pablo sabía por sus ojos que cada una de sus palabras había llegado a su corazón. Pablo miró al chico.

"Señor," preguntó. "Me pregunto si algún día podré tener un hijo como este."

Al mismo tiempo, Timoteo oró, "Por favor, Jesús, haz que cuando crezca sea como Pablo. Quiero aprender de él."

Jesús respondió ambas plegarias. Casi un año después, Pablo regresó a Listra. Esta vez viajó con un amigo llamado Silas.

Pablo pidió a Timoteo que los acompañase a él y Silas en su recorrido por diferentes aldeas. Timoteo aceptó gustoso. Su corazón se sentía feliz porque cada día, mes tras mes, se fueron volviendo como si fueran padre e hijo.

Día tras días, Pablo y sus amigos viajaron de un puerto a otro. Caminaron por las veredas romanas y visitaron todas las aldeas que podían. Donde quiera que fueran, Pablo, Silas y Timoteo hablaban de Jesús. En muchos de estos lugares, Dios abrió los corazones de la gente que escuchaba para que creyeran en Jesús.

Pablo ayudó a establecer iglesias eligiendo líderes para los grupos de Cristianos. Les enseñó a compartir el dinero con los pobres. Les ayudó a sentirse fuertes cuando otros quisieran lastimarlos por creer en Jesús.

Durante casi ocho años, Pablo viajó por barca y a pie, de un país a otro. Con frecuencia regresaba a los lugares donde la gente lo necesitaba más. Una vez hasta se las arregló para estar en dos lugares al mismo tiempo. Hizo esto escribiendo cartas a los grupos de Cristianos que no podía visitar. Así, Pablo demostraba que le seguían importando y que oraba por ellos.

Cuando Pablo viajaba, a veces se quedaba con amigos. Algunas veces no tenía dónde quedarse y acampaba para poder comprar comida. En algunas ocasiones dejó a Silas o a Timoteo para ayudar a resolver los problemas que algunos grupos tenían.

Pablo y Silas siempre estaban en movimiento. Una y otra vez, los líderes religiosos los obligaban a irse de donde estaban. No les importaba que alguna vez hubieran sido uno de ellos. A donde fuera, hallaban razones para arrestar a Pablo.

En un pueblo llamado Filipos, los líderes religiosos convencieron a una enorme turba atacar a Pablo y Silas. Los golpearon con palos y los metieron en prisión. Pablo y Silas yacían sobre el frío suelo de piedra, con las manos encadenadas. Los guardias habían sujetado sus pies con grandes bloques de madera. ¡No podían moverse! ¿Qué creen que hicieron?

¡Se pusieron a cantar! Pablo y Silas estaban felices. Sabían que Jesús cuida de manera especial a los que son lastimados por creer en Él. Los acompaña y reconforta tanto que se sienten con ganas de cantar. Y eso es precisamente lo que hizo Pablo.

“Amamos a Jesús, alabamos Su nombre. Jesús, Jesús, gracias por estar con nosotros!” cantaron los hombres hasta bien entrada la noche. Cantaron con todo el corazón mientras todos los demás prisioneros escuchaban.

Alrededor de la media noche, ocurrió algo muy extraño. ¡Un terrible rugido sacudió la prisión! ¡El terremoto sacudió la prisión tan fuerte que las puertas de todas las celdas se abrieron de golpe! Después, se soltaron las cadenas que sujetaban a todos los prisioneros. ¡Dios los había liberado!

Cuando el carcelero vio esto, tembló de miedo. “¿Quién eres?” preguntó. Cayó a los pies de Pablo. “Por favor,” rogó. “Dime qué ha pasado aquí esta noche. Escuché que hablabas con los otros prisioneros respecto a ser salvados. ¿Qué significa eso? ¿Qué tengo que hacer para ser salvado?”

Pablo miró a Silas. Sabían que la transformación del corazón de este hombre era un milagro aún mayor que el terremoto. Pablo sonrió al asustado carcelero. “Cree en el Señor Jesús y serás salvado. También tu familia lo será.”

El carcelero creyó. Esa misma noche llevó a Silas y Pablo a su casa. Ahí lavó sus llagas y sus heridas, y les dio comida. Entonces el carcelero y su familia oraron a Jesús y le pidieron que entrara en sus corazones.

Pablo deseó que todas las personas con quienes hablaban creyeran como habían creído el carcelero y su familia. Cuando un grupo de enemigos de Pablo empezó a perseguirlos de una aldea a otra, ya él casi no tenía tiempo para seguir enseñando.

"Debe haber una forma en que podamos hablar a más personas sobre Jesús," le dijo a Silas.

"Podrías irte solo y atravesar el mar hacia Atenas," dijo Silas. "Así, Timoteo y yo podríamos terminar lo que empezaste aquí. Y tú estarías seguro."

"Sí," dijo Pablo. "Es buena idea. No puedo perder tanto tiempo huyendo y escondiéndome. No me gusta que nos separemos, pero tal vez es el único camino. Debemos hablar a más personas sobre Jesús."

Así, Pablo se embarcó nuevamente. Esta vez viajó a Atenas, una antiquísima ciudad griega. Ahí, la gente oraba a muchos dioses diferentes. Los griegos tenían dioses del sol y la luna y el mar y la guerra y la paz y el amor y el odio y las rocas y el fuego y de cualquier cosa que pudieras pensar.

"¡Sólo hay un Dios!" dijo Pablo. Algunos griegos escucharon y quisieron saber más.

"Ustedes, los griegos, han inventado dioses para todo," dijo Pablo. "Bueno, hasta tienen un templo para el Dios Desconocido. Ese es mi Dios. Y Él es el único que necesitan tener. Este Dios envió a Su Hijo Jesús. Déjenme hablarles de Él..."

Así Pablo enseñó a los griegos. Pero muchos no le creyeron. "¿Sólo un Dios? ¡Ja, ja! ¡Pablo está loco! No lo escuchen."

"Tengo mejores cosas que hacer que hablar con gente que no me escucha," dijo Pablo. Junto con los griegos que sí le creían, Pablo se puso a visitar otras islas en la zona.

Pablo viajó por mar o a pie. En todos lados, hablaba a la gente sobre Jesús. Era la noticia más importante que podía darles.

Grecia no fue el único lugar donde Pablo encontró gente que creía en otros dioses. En Éfeso, parte del país que ahora llamamos Turquía, Pablo conoció a personas que creían en una diosa llamada Diana. Habían construido muchas estatuas y templos para Diana.

Cuando él llegó a Éfeso, le gustó de inmediato. Ahí, muchas personas querían oír sus Buenas Nuevas sobre Jesús. Hicieron a Pablo sentirse bienvenido. "Por favor enséñanos más y dinos lo que todo esto significa," pidieron.

Pablo se quedó en Éfeso durante dos años. En ese tiempo, muchas, muchas personas lo oyeron hablar. Dios les ayudó a creer dando a Pablo el poder de curar a los enfermos. Algunas veces, lo único que tenía que hacer era tocarlos y orar, ¡y sanaban!

Pero había un grupo de personas que no querían a Pablo. Era la gente que quería adorar a Diana y no al único Dios. Algunos de estos hombres se habían hecho ricos vendiendo estatuas de plata de Diana.

"Gracias a Pablo, ya no ganamos tanto dinero como antes," se quejaron.

"Sí, Pablo ha arruinado nuestro negocio haciendo que la gente crea en Jesús. ¡Ahora nadie quiere comprar nuestras estatuas!"

"Deshagámonos de Pablo." Cuanto más gritaban y refunfuñaban, más se enfadaban estos hombres. "¡Vamos a buscarlo! ¡Le daremos una lección!"

La turba fue al lugar donde Pablo enseñaba. Le gritaron y empezaron a lanzarle piedras. "Ahí está. ¡Detengan al alborotador!" gritaron.

Finalmente un guardia paró el alboroto. Nadie salió mal herido.

Poco tiempo después, Pablo se fue de Éfeso. Pero el grupo de creyentes que dejó atrás era una de los más fuertes de la zona. Habían aprendido la dura lección de que no hay términos medios. O se cree en Jesús, o no.

Más tarde Pablo escribió a los efesios, ayudando a sus buenos amigos a acercarse a Dios aún más.

Estas cartas de Pablo eran muy importantes. Aún con la ayuda de amigos como Timoteo y Silas, Pablo no podía estar en todos lados al mismo tiempo. Sus cartas ayudaron a seguir el Camino a quienes lo habían escuchado y creían.

"El Camino" es vivir la vida como Jesús quiere que lo hagamos. Seguir el Camino significa amar a los enemigos, orar a Jesús, y volver a empezar cada vez que cometemos un error. Principalmente, significa amar a Dios más que a cualquier otra persona o cosa.

Pablo dejó esto claro en sus cartas. Con frecuencia él y Timoteo cabalgaban de una aldea a otra. Cada vez que hablaban de Jesús, era como si plantaran semillas de la verdad en los corazones de quienes escuchaban.

Cuando Pablo tenía que dejar a sus nuevos amigos, les enviaba cartas. Estas cartas actuaban como agua para las semillas. Sus palabras eran leídas una y otra vez por muchos creyentes. Dios usó estas cartas para ayudar a que las semillas de verdad se convirtieran en ricas flores de fe.

Hombres y mujeres, niños, ricos y pobres, todo aquel que quiso creer, creyó. ¡Dentro de todos ellos crecía este sentimiento de que, sí, claro, Jesús es realmente el Hijo de Dios!

Este es el Camino. Cuantas más personas escuchaban a Pablo y a Timoteo y a los otros seguidores de Jesús, más creían. Y así como el viento esparce las semillas de las flores para que crezcan más flores, así también los seguidores de Jesús difundieron el Camino para que lo conocieran más y más personas. Pronto, las semillas de verdad se esparcieron no sólo de una aldea a otra, sino de un país a otro. Naciones enteras estaban oyendo las Buenas Nuevas sobre las que Pablo y los otros creyentes hablaban.

Lo más valioso de las cartas de Pablo es que todavía hoy siguen esparciendo semillas. Los Cristianos de todo el mundo pueden leer las palabras que en ese tiempo Pablo escribió para sus amigos. ¡Leer las cartas de Pablo es casi tan bueno como si él y Timoteo vinieran cabalgando a nuestra casa y nos hablasen en persona! Ahora, como entonces, casi podemos verlos, oír los cascos de sus caballos, y sentir la emoción.

Aunque sus enemigos lo perseguían, especialmente en los tiempos más difíciles, los amigos de Pablo sabían que sus palabras eran importantes. A donde fuera, Pablo advertía a la gente sobre los líderes religiosos.

"Mienten," decía a la gente. "Lo sé. Durante años he tratado de ser bueno y seguir las reglas. No pude hacerlo. Mi corazón tenía muchos deseos de servir a Dios. Pero yo estaba ciego. Ahora veo. ¡Jesús es en verdad el Hijo de Dios!"

Los líderes religiosos levantaron puños amenazantes hacia Pablo. "¡No puede llamarnos mentirosos! ¡Maten al traidor!"

El lugar más peligroso de todos era Jerusalén, el antiguo hogar de Pablo. Él lo sabía. Pero también sabía que Jesús estaba de su lado. Después de muchos años, por fin Pablo hizo su último viaje a través de la campiña. Se despidió de todos sus amigos en las diferentes iglesias. Sabía que tenía que ir a Jerusalén sin importar lo peligroso que fuera.

Una vez que llegó a Jerusalén, sus enemigos no tardaron mucho en tenderle una trampa. Los líderes religiosos engañaron a una turba que se enojó tanto que querían matar a Pablo.

"¡Ahí está! ¡Atrápenlo!" La multitud estaba loca de odio. Los amigos de Pablo trataron de protegerlo, pero no fue suficiente. La turba arrastró a Pablo afuera del Templo.

"Alto. ¡Retrocedan!"

"¡Son los soldados romanos!" La turba dejo de golpear a Pablo.

"¿Qué ha hecho este hombre? ¡Déjenlo en paz!" El capitán romano había oído que había un motín en la ciudad. Y envió soldados a parar la pelea. Ahora tenía agarrado a Pablo. "Encadenen a este hombre hasta que sepamos qué ha hecho," ordenó a sus hombres.

Después preguntó a la multitud por qué querían matarlo. Algunas personas dijeron una cosa. Otros dijeron algo diferente. "Entréguenoslo, ¡nosotros le daremos lo que se merece!" La turba empujaba contra los soldados romanos.

"No, no puedo entregarlo. El prisionero se irá con nosotros," ordenó el capitán. Pero la turba insistió tanto que los soldados tuvieron que cargar a Pablo para que no lo destrozaran.

Cuando estuvo a salvo fuera del alcance de la turba, Pablo preguntó dos veces si podía regresar a hablar con los líderes religiosos. "Por favor, no soy un criminal. Déjeme hablar con la gente," rogó al capitán.

En ambas ocasiones la multitud manifestó su odio. Finalmente, el capitán romano lo puso en prisión. Le dijo, "No sé quién eres. Pero te voy a castigar hasta que me digas qué hiciste mal."

Pablo dijo, "Soy romano. No puede azotarme sin un juicio."

Estas palabras, "Soy romano," eran muy poderosas. Pablo tenía razón. Nadie podía encerrarlo sin un juicio, no si era romano. El capitán romano sabía que Pablo tenía razón. Pero también sabía que si lo dejaba en libertad, su propia gente lo mataría. Otra vez dejó a Pablo hablar con los líderes religiosos. Por tercera vez clamaron pidiendo su muerte. Esta vez el capitán romano lo encerró de nuevo en prisión, por su propio bien.

Durante todo este tiempo, Pablo había sentido al Señor de pie junto a él. El propio Espíritu Santo de Jesús habló a través de Pablo, tratando de llegar a los líderes religiosos. Pero sus corazones estaban cerrados. Ni siquiera Jesús puede entrar en un corazón que no desea cambiar.

Esa noche, mientras Pablo dormía sobre el frío suelo de piedra, ¡vio al Señor parado a su lado! "Sé valiente, Pablo," dijo Jesús. "Has hecho lo correcto al hablar de Mí al pueblo de Jerusalén. Ahora debes hacer lo mismo en Roma."

A la mañana siguiente, Pablo despertó sintiendo la paz de Dios en su corazón. "Te seguiré, Jesús, a pesar de todo," oró. Pablo estaba listo para pelear.

Y fue algo bueno también. La misma noche, cuarenta de los enemigos de Pablo se habían puesto de acuerdo para

emboscarlo la próxima vez que se le permitiera hablarle a la gente. Por suerte, el sobrino de Pablo se enteró del plan y se lo dijo al capitán romano.

"Consígueme doscientos hombres," ordenó a un guardia. Después llamó a Pablo y le habló del complot. "No voy a tomar riesgos contigo. Te irás esta noche con una escolta fuerte. Mis hombres se asegurarán de que llegues a Cesarea. Entonces serás problema del Rey Agripa."

Pablo escapó a caballo, con los romanos protegiéndolo de su propia gente. ¿Pero, volvería a ser libre?

En Cesarea los romanos lo tuvieron preso por dos años. En tres ocasiones diferentes fue juzgado. Pablo contó su historia a los gobernadores romanos y al rey.

Hasta el poderoso Rey Agripa pensaba que lo que decía Pablo tenía sentido. No veía razón para mantenerlo prisionero. Pero tampoco quería hacer enfadar a los líderes religiosos. Así que, igual que los otros, el Rey Agripa no concedió a Pablo la libertad.

Finalmente Pablo les dijo, "Soy romano. Eso significa que puedo ir a Roma y explicarle al mismo emperador que yo no he hecho nada malo. ¡Llévenme con César!"

Los romanos no tenían opción. Hicieron lo que les pidió. Lo pusieron en un barco hacia Roma. Ahora, finalmente, iba al lugar al que Jesús le había dicho que debía ir.

Un guardia armado, junto con algunos de los amigos de Pablo, fue con él. El viaje tardó varios meses porque constantemente encontraban mal tiempo.

Finalmente una terrible tormenta sacudió el barco, de arriba abajo, sin dirección, como si fuera un barco de juguete. ¡El viento aullaba y la lluvia azotaba las cubiertas!

Toda la tripulación pensó, “Esta es la peor tormenta que ha existido. ¡Todos vamos a morir!”

El huracán sacudió al barco durante dos largas y horribles semanas. ¡Estaba tan oscuro que nadie podía saber cuándo era día y cuándo era noche!

Finalmente, Pablo dijo a los hombres, “Deben comer. Sean valientes. ¡Dios me ha dicho que nadie de nosotros va a morir, pero deben ser fuertes para poder nadar!”

Pablo tenía razón. Cuando finalmente el barco se hundió, sucedió cerca de la costa de una isla. Toda la tripulación, junto con Pablo y sus guardias, nadaron a tierra firme.

Finalmente a salvo, no tardaron mucho en encontrar otro barco que fuera hacia Roma. Para cuando finalmente llegó a Roma, el capitán de la guardia había visto muchas veces lo bueno y honesto que era Pablo. Los había guiado valientemente a través de sus aventuras.

Ahora el capitán ordenó, “Si debe tener un guardia, está bien. Pero dejen que Pablo vaya a donde quiera.” Los otros creyentes dieron la bienvenida a Pablo y al guardia que lo acompañaba a todos lados.

La lucha de Pablo no había terminado. Él habló con los líderes religiosos. Habló con los romanos importantes que vinieron a visitarlo. Pero nadie quería hacer enojar a los líderes religiosos de Jerusalén al concederle la libertad.

Durante varios años Pablo fue libre para vivir fuera de la prisión. Mucha gente venía a oírlo hablar. Escribió más cartas para sus amigos. Pero siempre hubo un soldado romano parado junto a él.

Justo cuando parecía que había hallado un poco de libertad, ésta le fue quitada nuevamente. Sus enemigos lo metieron en prisión una última vez. Ahí pasó sus últimos años, esta vez, encadenado a su guardia. En la cárcel, siguió escribiendo cartas para los amigos que había hecho durante los largos años que pasó viajando. Pablo no dejó de hablar de Jesús hasta el último momento.

Antes de que lo mataran, escribió a su joven amigo Timoteo, “Cómo me gustaría verte. Aún recuerdo cómo lloraste la última vez que nos despedimos. Hijo mío, por favor ven a visitarme pronto. Sé que el final está cerca. Estoy preparado. He dado una buena batalla, y he terminado la carrera.”

Cuando murió Pablo, dejó atrás las piedras de odio y miedo que tan frecuentemente le fueron lanzadas. Se fue al cielo. Ahí se unió con Esteban y los muchos otros que han elegido dejar que Jesús cambie sus corazones.

Puedes encontrar la historia de Pablo en el Nuevo Testamento, Libro de Actas, capítulos 9-28. Algunas de las cartas que escribió Pablo están en la Biblia. Escribió a los romanos, corintios, gálatas, efesios, filipenses, colosenses y tesalonicenses, así como a Timoteo, Tito y Filemón.